AF320769

NOUVELLE NOTE EXPLICATIVE

SUR LA

MUSCULINE-GUICHON

A

MONSIEUR PAYEN

MEMBRE DE L'INSTITUT

PRÉSIDENT DU JURY DES RÉCOMPENSES

Pour les Produits des Classes 70 & 71

LYON

IMPRIMERIE DU SALUT PUBLIC

Bellon, rue Impériale, 33

M VCCC LXVII

NOUVELLE NOTE EXPLICATIVE

SUR LA

MUSCULINE-GUICHON

A

MONSIEUR PAYEN

MEMBRE DE L'INSTITUT

PRÉSIDENT DU JURY DES RÉCOMPENSES

Pour les Produits des Classes 70 & 71

UNE communication officieufe et toute bienveillante, relative à la MUSCULINE-GUICHON,
nous ayant fait efpérer que ce produit, après avoir
fubi quelques perfectionnements, pouvait encore
avoir l'honneur de reparaître devant la Commiffion
inftituée pour le juger, nous nous fommes empreffé
d'accéder aux confeils qui nous ont été adreffés par
des favants, dont nous avouons hautement la com-
pétence en pareille matière. Nous reparaiffons donc

4

aujourd'hui avec un produit qui a fubi une amé-
lioration affez notable pour faire efpérer à nos juges
un perfectionnement plus grand encore, après une
expérimentation que le manque de temps nous a
forcé d'abréger.

Avant d'entrer dans le détail des modifications
que nous avons réalifées, qu'on nous permette deux
obfervations préliminaires tout à fait néceffaires.

1° La prétention de l'inventeur, en expofant fon
produit, n'était pas précifément d'offrir à fes juges
et au public un produit définitivement *parfait* ou
irréprochable dans fa *forme,* fon *goût,* ou par quel-
qu'autre avantage acceffoire, — mais bien, de met-
tre en évidence une *invention* férieuse, quoique per-
fectible encore, un produit réellement *nouveau*
quant à fa compofition, fa préparation et furtout fa
confervation, en un mot, un *aliment-médicament*
à base de *chair crue,* pouvant fe *conferver indéfini-
ment,* et deftiné à remplacer avec avantage toutes
les préparations analogues ufitées jufqu'à ce jour
dans le traitement de certaines maladies.

Le côté le plus faillant de notre produit, l'idée
dominante de l'Exposant, et que nous avions efpéré
devoir intéreffer le plus la fagacité de nos juges
éminents, c'était donc l'affociation, jufqu'à préfent
inutilement recherchée, de ces deux éléments du

problème : *chair crue* et *confervation* indéfinie obtenue fans le concours de la chaleur, fans mélange ni contact d'aucun agent chimique, et par des moyens naturels qui n'altèrent ou ne modifient en rien les principes de la chair crue, lui laiffant toutes fes propriétés d'aliment par excellence, moyens *nouveaux*, cependant, et bien fupérieurs à tous les moyens connus, tels que *falaifon, deffication, boucanage, congélation....*, etc.

Tel eft le problème dont la thérapeutique cherche la folution depuis plus de trente ans; il suffit, pour s'en convaincre, de faire une vifite à l'Hôpital des Enfants, ou d'interroger les Médecins qui ont à prefcrire journellement le traitement par la *chair crue*.

Tel eft auffi le vrai point de vue sur lequel nous aurions défiré voir se porter l'attention de la Commiffion; le jugement fur la *forme*, le *goût* ou le *prix* de notre préparation nous paraiffant tout à fait acceffoire, et ne repofant que fur des faits ou accidents extérieurs qui ne font pas le fond et l'effentiel de la queftion. Il est d'ailleurs, ainfi que nous le dirons bientôt, très-difficile de modifier ces différentes conditions.

2° Une autre obfervation non moins importante, c'eft que, tout en reconnaiffant à notre produit les qualités d'un véritable *aliment*, quant à fa *compofition*, la Commiffion ne pouvait pas entièrement

6

renoncer à le conſidérer comme *médicament* (ainſi que nous l'avions déjà dit dans une première note qui a été imprimée), par la raiſon que notre préparation était *ſpécialement deſtinée aux malades;* dèslors, notre *aliment-médicament* (c'eſt le ſeul nom qui lui convient) touchait, par ſa *forme,* et néceſſairement auſſi par ſon *prix,* à la claſſe des préparations pharmaceutiques, et c'eſt préciſément à cauſe de cette double immixtion dans la claſſe des *aliments* et dans celle des *médicaments* que nous devions nous attendre, contre notre gré, à rencontrer quelque défaveur, notre produit devant être jugé au titre exclusif d'*aliment,* ſans égard pour ſon titre de *médicament* qui en eſt tout-à-fait inſéparable.

C'eſt cette difficulté de claſſement — unique peut-être pour notre produit - -qui explique, au contraire, la faveur obtenue par un autre produit *alimentaire et médicinal,* entièrement analogue au nôtre par ſes effets, et qui a eu l'heureux avantage d'être admis dans la claſſe 44.

Nous avons vu récompenſer un ſirop de viande qui n'eſt vraiſemblablement qu'un fac-ſimile de l'*extraĉtum carnis* de Liebig, additionné de ſucre et d'eau, préparation faite à chaud, bien inférieure à notre Musculine par ſa valeur nutritive, d'après l'analyſe même des inventeurs, mais qui entrait à l'aiſe dans la claſſe des préparations pharmaceutiques, malgré fon *prix très-élevé* et fon *goût* répugnant. Notre produit, moins favorifé, fe trouvant un peu hors de claffé parmi les *aliments purs,* ne pouvait dès-lors que végéter dans les rangs infimes de l'Expofition, fi la Commiffion renonçait à y voir plus qu'un fimple aliment, c'eft-à-dire un *médicament-aliment,* et ne le jugeait que fur fon *goût* ou fon *prix,* fans tenir compte du procédé de *confervation* et des *fervices* que cette préparation, nouvelle et unique en fon genre, a déjà rendus et rendra long-temps encore, nous l'efpérons, à l'art de guérir.

Quoiqu'il en foit de la jufteffe de ces deux obfervations que nous foumettons en toute franchife à nos honorables juges, et pénétré, néanmoins, des égards que nous devons aux indications qui nous ont été adreffées, nous reparaiffons en lice avec un produit modifié au double point de vue de fon *goût* (on va voir dans quelle mefure cela a été poffible) et de fon *prix,* deux objections capitales auxquelles nous devions répondre et que nous avons férieufement cherché à réfoudre

Il nous refte à dire, auffi brièvement que poffible, en quoi confiftent ces modifications.

§ I

GOUT

Ce n'eft pas d'aujourd'hui que datent nos effais pour donner à nos tablettes de *Mufculine* une forme et un goût qui fuffent aifément agréés des confommateurs.

Depuis quatre ans, de nombreufes expériences ont été faites dans ce but. Nous avons effayé, d'après les procédés ordinaires, l'immixtion dans la viande crue des arômes les plus connus et les plus eftimés, comme *citron, cédrat, angélique, vanille,* etc., et toujours nous avons dû renoncer à cette affociation.

De tous les arômes nul ne réfiftait à l'épreuve; tous difparaiffaient après un délai assez court, par fuite d'une puiffance ou aptitude d'abforption inhérente à la chair crue, phénomène dont nous n'avons 'pas jufqu'à préfent pénétré la raison. Un feul de ces arômes paraiffait doué d'une plus grande 'ftabilité, mais il ne pouvait être employé fans compromettre le fuccès de la préparation : c'était l'*amande amère,* dont le goût, on le comprend, ne pouvait convenir au plus grand nombre des confommateurs.

Nous avions dû renoncer, dès lors, à ce perfectionnement, que nous regardions certainement comme important, mais non comme *effentiel*, le goût de la viande nous paraiffant affez diffimulé, dans nos tablettes par la quantité de *conferve de pommes* que nous y ajoutions alors. L'expérience au lit des malades nous a convaincu et nous prouve tous les jours péremptoirement que notre préparation ainfi formulée n'infpire aucune répugnance férieufe aux perfonnes qui en ufent par befoin, et furtout à celles qui en ont déjà reffenti les prompts et falutaires effets.

Si on veut bien, d'ailleurs, comparer le goût de nos tablettes avec celui de toutes les autres préparations groffières employées jufqu'à ce jour dans le même but, on ne pourra héfiter à conclure que nous avons réalifé un progrès remarquable, dont beaucoup de médecins haut placés nous ont félicité, notamment feu le profeffeur *Trouffeau*, qui avait été obligé de décorer d'un nom bizarre le mélange de viande crue et de fucre, préparé à l'infu des malades, par les pharmaciens, afin d'en déguifer l'origine, et d'en faire plus aifément fupporter le goût nauféabond.

Si on voulait, en outre, comparer le goût de notre Musculine avec celui des préparations faites à chaud, tels que les Sirops allemands *(Sirupus extracti carnis),* nous demeurons affuré que l'avantage ferait encore pour nous. Mais en dehors de la queftion de *goût,* dont fe font montrés fi peu foucieux les fabricants d'*Extractum carnis* de Liebig, et les inventeurs du Sirop dont nous venons de parler, ce qui rehauffe encore notre *Aliment-médicament,* fans même parler de fon *inaltérabilité,* condition rare et précieufe, très-difficile à réalifer pour les préparations fucrées, c'eft, difons-nous, qu'il renferme une proportion bien plus élevée de matières nutritives que toutes les préparations rivales, puifque nos tablettes contiennent 75 o/o de leur poids en MUSCULINE *(principe le plus nutritif de toutes les fubftances organifées.* Cl. Bernard), et que cette Mufculine elle-même, avant d'être confectionnée en tablettes, eft obtenue par l'élimination de 55 à 58 o/o de matières inertes contenues dans le filet de bœuf à l'état frais.

Toutefois, fous l'infpiration bienveillante de juges fi compétents, nous avons tenté de nouveaux effais et avons cherché à réalifer un perfectionnement plus grand encore.

Nous avons fongé à l'incorporation de la *conferve d'écorces d'orange* pour remplacer celle de *pomme.* Mais une nouvelle et rapide déception eft venue confirmer nos expériences paffées, et nous prouver une fois de plus l'incompatibilité de la *chair crue* avec les fubftances à arôme prononcé, capables, comme l'écorce d'orange, d'introduire dans nos tablettes un élément acide et fermentefcible. .

Après d'autres effais, tentés en même temps et auffi peu fatisfaifants, nous avons trouvé dans la *conferve d'abricots* un excipient d'un prix plus élevé que la *pomme,* mais d'un effet décifif. Son arôme délicat, fa texture fine, fon goût ftable, bien préférables à ceux de la conferve de pommes, paraiffent enfin devoir répondre parfaitement à notre attente et réalifer le *desideratum* de la commiffion.

Nous nous fommes décidé auffi à faire fubir à la chair crue trois opérations nouvelles de trituration qui affurent davantage le mélange ou l'incorporation intime des matières premières et rendent plus délicate encore la texture de nos tablettes.

Nous avons donc l'efpérance fondée, après quelques nouveaux effais que nous avons entrepris, de parvenir bientôt à une réforme entière du goût de nos tablettes; nous n'aurions, dès lors, que de fincères remerciements à adreffer à la Commiffion, pour avoir férieufement et avec autorité appelé de nouveau notre attention fur ce fujet important.

§ II

PRIX

Nous ne répèterons pas ici les confidérations éta-
blies plus haut, dans notre deuxième obfervation
préliminaire, relativement à l'impoffibilité, quant à
notre produit, de faire abftraction totale de fa quali-
fication de *médicament*. Il ne nous eft pas dur, après
cela, de convenir que le prix de 2 francs la boîte,
bien que chaque boîte repréfente exactement la
valeur d'environ 150 grammes de filet de bœuf à
l'état frais, n'eft pas le prix d'un aliment *ufuel* et
journalier, à la portée de toutes les fortunes. Mais
on doit convenir auffi que ce prix eft relativement
modéré, fi on confidère notre préparation comme
un *médicament,* ou mieux comme un *médicament-
aliment,* et nous ne penfons pas qu'on puiffe lui
refufer ni l'un ni l'autre de ces titres.

Il y a plus : fi nous n'avions pas la crainte de
trop prolonger cette communication, il nous ferait

facile d'établir que nos tablettes de MUSCULINE font à un prix analogue et fouvent inférieur à celui de beaucoup d'autres préparations du même genre.

La *Conferve de Damas* — viande crue, hâchée, pulpée et fucrée—fi ufitée jufqu'à ce jour—eft un *aliment-médicament* de même nature que nos tablettes; elle fe prépare chez les pharmaciens, fe délivre dans des pots, et nous ne connaiffons pas encore un feul pharmacien qui fe charge de préparer ainsi 150 grammes de filet de bœuf, à un prix inférieur à celui de nos boîtes.

Que dirons-nous, à plus forte raifon, des *firops de viande,* adminiftrés dans le même but que nos tablettes, et dont le plus répandu (firop de Meyer-Berck) fe vend au prix de 5 francs les 140 grammes, c'eft-à-dire 1 franc la cuillerée? — Ainsi en ferait-il pour la plupart des préparations de viande deftinées à l'alimentation des malades.

Nous ne comparons ces prix qu'avec celui de nos boîtes, mais ils paraîtront bien plus exorbitants à la Commiffion, lorfque nous l'aurons informée que nous accordons une remife de prix confidérable pour toute commande en gros de 1 kilog. au moins, et au-deffus. La MUSCULINE est alors livrée à 16 francs le kilog. pour le public, à 12 francs pour les hôpitaux, maifons d'éducation, etc., et à un chiffre plus faible encore pour la marine, les armées en campagne et pour toute commande faite au nom du gouvernement.

Etabliſſons, en terminant, un calcul très-ſimple :

1 kilog. de MUSCULINE renferme environ 5oo tablettes et un peu plus. Or, 3o tablettes ſuffiſent, par jour, à un malade, quel qu'il ſoit, pour opérer les réſultats attendus de cette médication. Les 5oo tablettes ſuffiront donc pour un traitement de 16 jours, et ainſi le malade conſommera par jour :

1 franc de MUSCULINE, au taux de 16 francs le kilog.
75 cent.   —   —   12   —

Bien moins encore dans la marine et les armées.

Nous le demandons ſincèrement à la Commiſſion : un *médicament-aliment* doué d'une auſſi grande richeſſe alibile eſt-il à un prix hors de portée, aux chiffres que nous venons de dire, alors ſurtout que ce *médicament-aliment* peut suppléer à tant d'autres remèdes, d'un prix beaucoup plus élevé ?

Voila, Monſieur le Préſident, les renſeignements, trop longs peut-être, que nous avons cru utile de vous ſoumettre, au moment où la commiſſion va décider une dernière fois ſur la valeur de notre produit. Nous avons, autant qu'il a été poſſible, modifié ſon *goût,* nous avions déjà mis ſon *prix,* dans certaines conditions ſpéciales, au niveau des plus modeſtes fortunes. Aurons-nous répondu à ſon attente ? Nous l'efpérons fortement, et nous ne pouvons auffi vous diffimuler qu'une récompenfe nationale, décernée par un Jury favant, préfidé par un fi illuftre Maître, ferait pour nous le plus éclatant témoignage que nos travaux n'ont pas été ftériles, et le plus noble encouragement que nous puiffions ambitionner.

J.-B. R. GUICHON.

Lyon. — Imprimerie du *Salut Public*. — BELLON, rue Impériale, 33.